No se permite la reproducción total o parcial de esta obra, ni su incorporación a un sistema informático, ni su transmisión en cualquier forma o por cualquier medio (electrónico, mecánico, fotocopia, grabación u otros) sin autorización previa y por escrito de los titulares del copyright. La infracción de dichos derechos puede constituir un delito contra la propiedad intelectual.
ISBN 9788411744584 © Grete Books, 2023

Impresión y editorial: BoD – Books on Demand
info@bod.com.es - www.bod.com.es
Impreso en Alemania – Printed in Germany

¿CUÁNTO CONOCES A TU MEJOR AMIGA?

¡VAMOS A VER SI DE VERDAD OS CONOCÉIS TAN BIEN!

* ¿CUÁL ES EL NOMBRE DE SU MASCOTA (SI ES QUE TIENE)?

    ✓ ✓
    ✗ ✗

* ¿CUÁL ES EL LUGAR DEL MUNDO QUE MÁS LE GUSTARÍA VISITAR?

    ✓ ✓
    ✗ ✗

* ¿LE GUSTA MÁS EL DÍA O LA NOCHE?

    ✓ ✓
    ✗ ✗

* ¿CUÁL ES SU COMIDA FAVORITA?

    ✓ ✓
    ✗ ✗

* ¿CREE EN LOS EXTRATERRESTRES?

    ✓　　　　　✓
    ✗　　　　　✗

* CUANDO ERA NIÑA, ¿QUÉ QUERÍA SER DE MAYOR?

    ✓　　　　　✓
    ✗　　　　　✗

* ¿CÓMO SE LLAMA EL AMIGO O AMIGA QUE HA TENIDO POR MÁS TIEMPO?

    ✓　　　　　✓
    ✗　　　　　✗

* ¿ES SUPERSTICIOSA?

    ✓　　　　　✓
    ✗　　　　　✗

* ¿CUÁL SERÍA EL TRABAJO DE SUS SUEÑOS?

* ¿CUÁL ES LA CANCIÓN QUE NO PUEDE DEJAR DE ESCUCHAR EN ESTOS MOMENTOS?

* ¿CREE EN DIOS?

* ¿CREE EN LOS FANTASMAS?

* ¿EN QUÉ SE SIENTE MÁS COMPETENTE?

    ✓   ✓
    ✗   ✗

* ¿EN QUÉ SE SIENTE MÁS TORPE?

    ✓   ✓
    ✗   ✗

* ¿CÓMO PREFIERE PASAR UNA TARDE?

    ✓   ✓
    ✗   ✗

* ¿EN QUÉ QUIERE MEJORAR PERSONALMENTE?

    ✓   ✓
    ✗   ✗

✹ ¿CREE EN LA REENCARNACIÓN?

✹ ¿QUÉ ES LO QUE LE DA MÁS VERGÜENZA HACER?

✹ ¿LEE EL HORÓSCOPO?

✹ ¿LA EXPULSARON ALGUNA VEZ DEL COLEGIO?

✺ ¿TIENE ALGUNA FOBIA? SI ES ASÍ, ¿CUÁL?

✓   ✓
✗   ✗

✺ ¿HA VIVIDO EN EL EXTRANJERO?

✓   ✓
✗   ✗

✺ ¿HA CONOCIDO A SU BISABUELO O BISABUELA?

✓   ✓
✗   ✗

✺ ¿QUÉ ES LO QUE MÁS LE SACA DE QUICIO DE LA GENTE?

✓   ✓
✗   ✗

✹ ¿HA VIAJADO EN BARCO?

✹ ¿SE HA LEÍDO ALGÚN LIBRO DE HARRY POTTER?

✹ ¿LE GUSTA LA MÚSICA CLÁSICA?

✹ ¿HA SALIDO POR LA TELEVISIÓN?

✸ ¿QUÉ LE GUSTA DESAYUNAR?

    ✓   ✓
    ✗   ✗

✸ ¿ES UNA PERSONA ROMÁNTICA?

    ✓   ✓
    ✗   ✗

✸ ¿LE HUBIESE GUSTADO NACER EN OTRA ÉPOCA?

    ✓   ✓
    ✗   ✗

✸ ¿ES MÁS DE LEER O DE VER LA TELEVISIÓN?

    ✓   ✓
    ✗   ✗

✳ ¿CUÁL ES SU MAYOR INSEGURIDAD?

✳ ¿CUÁL ES SU NÚMERO FAVORITO?

✳ ¿HA SALVADO LA VIDA DE ALGUIEN?

✳ ¿CUÁL ES SU ROL EN EL GRUPO DE AMIGAS?

✴ ¿DÓNDE LE GUSTARÍA ENVEJECER?

✔ ✔
✘ ✘

✴ ¿TUVO MASCOTAS DE PEQUEÑA?

✔ ✔
✘ ✘

✴ ¿QUÉ GENERO DE PELÍCULA ODIA?

✔ ✔
✘ ✘

✴ ¿CUÁL ES SU OLOR FAVORITO?

✔ ✔
✘ ✘

✸ ¿TIENE ALGUNA MANÍA? SI ES ASÍ, ¿CUÁL?

✓ ✓
✗ ✗

✸ ¿ES UNA PERSONA ORDENADA O DESORDENADA?

✓ ✓
✗ ✗

✸ ¿CUÁL ES SU DISCO FAVORITO?

✓ ✓
✗ ✗

✸ ¿SABE CANTAR O DESAFINA MUCHO?

✓ ✓
✗ ✗

* ¿LE GUSTARÍA VIAJAR A OTROS PLANETAS?

    ✓   ✓
    ✗   ✗

* ¿ESTÁ CONTENTA CON SU FÍSICO?

    ✓   ✓
    ✗   ✗

* ¿LE GUSTARÍA VIVIR EN EL CAMPO?

    ✓   ✓
    ✗   ✗

* ¿TIENE ALGUNA CICATRIZ?

    ✓   ✓
    ✗   ✗

✹ ¿CREÍA EN LOS REYES MAGOS? ¿O EN PAPÁ NOEL?

    ✓   ✓
    ✗   ✗

✹ ¿TIENE ALGÚN ENEMIGO/A?

    ✓   ✓
    ✗   ✗

✹ ¿CUÁL ES SU ESCRITOR PREFERIDO?

    ✓   ✓
    ✗   ✗

✹ ¿QUÉ ES LO QUE LE HACE REÍR SIEMPRE?

    ✓   ✓
    ✗   ✗

✸ ¿CÓMO SE LLAMABA LA PRIMERA PERSONA DE LA QUE SE ENAMORÓ?

✓ ✓
✗ ✗

✸ ¿LE GUSTA COCINAR?

✓ ✓
✗ ✗

✸ ¿SE HA ROTO ALGÚN HUESO?

✓ ✓
✗ ✗

✸ SI PUDIERA CONOCER A ALGUIEN EN ESTE MUNDO, VIVO O MUERTO, ¿A QUIÉN ESCOGERÍA?

✓ ✓
✗ ✗

✸ ¿VE LAS PELÍCULAS DOBLADAS O CON SUBTÍTULOS?

✓ ✓
✗ ✗

✸ ¿BEBE CAFÉ? ¿CÓMO LE GUSTA?

✓ ✓
✗ ✗

✸ ¿CÓMO ES SU NOCHE DE AMIGAS IDEAL?

✓ ✓
✗ ✗

✸ ¿CUÁL ES SU MANERA PREFERIDA PARA RELAJARSE?

✓ ✓
✗ ✗

✸ ¿SE LLEVA BIEN CON SUS PADRES?

✓ ✓
✗ ✗

✸ ¿SIGUE MÁS A LA RAZÓN O A SU CORAZÓN?

✓ ✓
✗ ✗

✸ ¿CUÁL ES SU CANCIÓN FAVORITA?

✓ ✓
✗ ✗

✸ ¿QUÉ SABOR DE HELADO PREFIERE?

✓ ✓
✗ ✗

* ¿TIENE UN AMOR INCONFESABLE?

    ✔   ✔
    ✘   ✘

* ¿ES BUENA COCINERA?

    ✔   ✔
    ✘   ✘

* ¿HA PARTICIPADO EN ALGÚN TRÍO?

    ✔   ✔
    ✘   ✘

* ¿SABE DIBUJAR BIEN?

    ✔   ✔
    ✘   ✘

✺ ¿QUIÉN ES EL FAMOSO QUE MÁS LE PONE?

✓ ✓
✗ ✗

✺ ¿QUÉ CANCIÓN HORTERA ES SU FAVORITA?

✓ ✓
✗ ✗

✺ ¿LE GUSTA ESTAR SOLA O PREFIERE EVITARLO?

✓ ✓
✗ ✗

✺ ¿LE GUSTARÍA SER FAMOSA?

✓ ✓
✗ ✗

✹ ¿DE QUÉ SE ARREPIENTE EN SU VIDA?

✓ ✓
✗ ✗

✹ ¿ES DORMILONA O MADRUGADORA?

✓ ✓
✗ ✗

✹ ¿HA ESCRITO O ESCRIBE UN DIARIO?

✓ ✓
✗ ✗

✹ ¿SUELE SER AMIGA DE SUS EX?

✓ ✓
✗ ✗

✱ ¿QUÉ ES LO QUE MÁS LE HACE ENFADAR?

 ✓   ✓
 ✗   ✗

✱ ¿CUÁL ES SU ESTACIÓN FAVORITA DEL AÑO?

 ✓   ✓
 ✗   ✗

✱ ¿LE GUSTA EL PICANTE EN LAS COMIDAS?

 ✓   ✓
 ✗   ✗

✱ ¿ES AHORRADORA?

 ✓   ✓
 ✗   ✗

✸ DE TODAS LAS PERSONAS QUE LAS DOS CONOCÉIS, ¿QUIÉN LE CAE PEOR?

✓   ✓
✗   ✗

✸ ¿CUÁL ES SU POSTRE FAVORITO?

✓   ✓
✗   ✗

✸ ¿CÓMO SE LLAMAN SUS HERMAN@S?

✓   ✓
✗   ✗

✸ ¿TIENE ALGUNA ALERGIA?

✓   ✓
✗   ✗

- ¿TIENE ALGUNA MARCA EN SU CUERPO?
  - ✔
  - ✘
  - ✔
  - ✘

- ¿QUÉ VIAJE LE HA MARCADO MÁS?
  - ✔
  - ✘
  - ✔
  - ✘

- ¿VOLVERÍA A ESTUDIAR LO MISMO QUE ESTUDIÓ?
  - ✔
  - ✘
  - ✔
  - ✘

- ¿ESTARÍA DISPUESTA A VIVIR FUERA DE SU CIUDAD/PAÍS?
  - ✔
  - ✘
  - ✔
  - ✘

✹ ¿USA TINDER?

✓ ✓
✗ ✗

✹ ¿CUÁL ES SU PRENDA DE ROPA FAVORITA?

✓ ✓
✗ ✗

✹ ¿SIGUE COLADA POR ALGÚN ANTIGUO AMOR?

✓ ✓
✗ ✗

✹ ¿CUÁL ES EL CANTANTE QUE MENOS LE GUSTA?

✓ ✓
✗ ✗

✲ ¿CUÁL ES SU PROGRAMA FAVORITO DE TELEVISIÓN?

✓   ✓
✗   ✗

✲ ¿CREE EN LAS SEGUNDAS OPORTUNIDADES EN EL AMOR?

✓   ✓
✗   ✗

✲ ¿QUÉ LE PONE TRISTE?

✓   ✓
✗   ✗

✲ ¿CUÁL FUE EL MOMENTO EN QUE PASÓ MÁS VERGÜENZA?

✓   ✓
✗   ✗

✸ ¿SE SIENTE MIEDOSA O VALIENTE?

✸ ¿TUVO UNA INFANCIA FELIZ?

✸ ¿LO DEJARÍA TODO POR AMOR?

✸ ¿QUIÉN ES SU MAYOR FUENTE DE APOYO, (APARTE DE TI)?

- ¿PRACTICA ALGÚN DEPORTE? ¿CUÁL?

    ✓   ✓
    ✗   ✗

- ¿QUÉ ES LO QUE MÁS LE GUSTA HACER EN SU TIEMPO LIBRE?

    ✓   ✓
    ✗   ✗

- ¿CUÁL ES SU ACTIVIDAD FAVORITA LOS FINES DE SEMANA?

    ✓   ✓
    ✗   ✗

- ¿CUÁL ES SU LUGAR PREFERIDO PARA UNA ESCAPADA?

    ✓   ✓
    ✗   ✗

✸ ¿QUÉ AÑO OS CONOCÍSTEIS?

✸ ¿PUEDES NOMBRAR UNO DE SUS HOBBIES?

✸ ¿A QUÉ TENSIONES SE ENFRENTA ACTUALMENTE?

✸ ¿LE GUSTA EL COLOR ROSA?

✸ ¿CUÁL ES SU MAYOR SUEÑO NO REALIZADO?

✓ ✓
✗ ✗

✸ ¿CUÁL ES SU ACTRIZ FAVORITA?

✓ ✓
✗ ✗

✸ ¿CUÁL ES UNO DE SUS MAYORES MIEDOS?

✓ ✓
✗ ✗

✸ ¿SE CONSIDERA UNA PERSONA CREATIVA?

✓ ✓
✗ ✗

✳ ¿LE GUSTA LA PIZZA CON PIÑA?

✳ ¿SABE BAILAR SEVILLANAS O TANGO?

✳ ¿LE GUSTA LEER NOVELA ERÓTICA?

✳ ¿CUÁL ES SU RED SOCIAL FAVORITA?

* ¿CUÁL ES SU NÚMERO DE TELÉFONO?

  ✓   ✓
  ✗   ✗

* ¿QUIÉN ES LA PERSONA QUE MÁS LE HA MARCADO EN SU VIDA?

  ✓   ✓
  ✗   ✗

* ¿DÓNDE OS CONOCISTÉIS?

  ✓   ✓
  ✗   ✗

* ¿PUEDES NOMBRAR A DOS DE SUS MEJORES AMIGO/AS APARTE DE TI?

  ✓   ✓
  ✗   ✗

✹ ¿HACE TOP LESS EN LA PLAYA?

✹ ¿QUÉ ESTUDIA O ESTUDIÓ?

✹ ¿CUÁL ES SU ESTACIÓN DEL AÑO FAVORITA?

✹ ¿LE GUSTA CELEBRAR SU CUMPLEAÑOS?

✹ ¿QUÉ LE GUSTA TOMAR CUANDO SALE DE FIESTA?

  ✓   ✓
  ✗   ✗

✹ ¿LLEVA SUJETADOR CON RELLENO O SIN RELLENO?

  ✓   ✓
  ✗   ✗

✹ ¿QUÉ PARTE LE GUSTA MÁS DE SU CUERPO?

  ✓   ✓
  ✗   ✗

✹ ¿CUÁL ES LA PARTE QUE MENOS LE GUSTA?

  ✓   ✓
  ✗   ✗

* ¿TIENE ALGUNA FOBIA?

* ¿CUÁL ES SU PLAN DENTRO DE CINCO AÑOS?

* ¿CUÁL ES EL MOMENTO MÁS TRISTE DE SU VIDA?

* ¿CUÁL ES EL MOMENTO MÁS FELIZ DE SU VIDA?

- ¿QUIERE MÁS A SU PADRE O A SU MADRE?

✔ ✔
✘ ✘

- ¿CUÁL ES SU PIZZA FAVORITA?

✔ ✔
✘ ✘

- ¿CUÁL ES SU PEOR TRAUMA?

✔ ✔
✘ ✘

- ¿CUÁL ES SU BAR FAVORITO?

✔ ✔
✘ ✘

✱ ¿LE HAN HECHO ALGUNA CIRUGÍA?

✱ SI NO SE HA CASADO, ¿SE QUIERE CASAR?

✱ SI NO HA TENIDO HIJOS, ¿QUIERE TENERLOS?

✱ ¿SABE NADAR?

✸ ¿A QUÉ CELEBRIDAD ADMIRA MÁS?

　　✓　　　　　　　✓
　　✗　　　　　　　✗

✸ ¿USA TANGA?

　　✓　　　　　　　✓
　　✗　　　　　　　✗

✸ ¿ES MÁS DE CAMPO O DE PLAYA?

　　✓　　　　　　　✓
　　✗　　　　　　　✗

✸ ¿CUÁL ES SU PERSONAJE DE SERIE FAVORITO?

　　✓　　　　　　　✓
　　✗　　　　　　　✗

✸ ¿PERTENECE A ALGUNA RELIGIÓN?

✸ ¿CUÁL ES SU SERIE FAVORITA DE TODA LA VIDA?

✸ ¿TIENE TATUAJES?

✸ ¿CUÁL ES SU SIGNO ZODIACAL?

✸ ¿CUÁL ES SU COLOR FAVORITO?

  ✓   ✓
  ✗   ✗

✸ ¿CUÁL ES SU ANIMAL FAVORITO?

  ✓   ✓
  ✗   ✗

✸ ¿LE GUSTAN MÁS LOS PERROS O LOS GATOS?

  ✓   ✓
  ✗   ✗

✸ ¿CUÁL ES SU CANTANTE O BANDA FAVORITOS?

  ✓   ✓
  ✗   ✗

✹ ¿DE QUÉ COLOR (REAL) ES SU PELO?

✹ ¿EN QUÉ CIUDAD NACIÓ?

✹ ¿EN QUÉ MES Y DÍA NACIÓ?

✹ ¿EN QUÉ AÑO NACIÓ?

* ¿QUÉ COSA ODIA COMER?

    ✓　　　　　　　✓
    ✗　　　　　　　✗

* ¿DE QUÉ EQUIPO DE FÚTBOL ES?

    ✓　　　　　　　✓
    ✗　　　　　　　✗

* ¿TIENE ALGÚN MOTE ENTRE SUS AMIG@S?

    ✓　　　　　　　✓
    ✗　　　　　　　✗

* ¿CÓMO LE LLAMA SU FAMILIA CARIÑOSAMENTE?

    ✓　　　　　　　✓
    ✗　　　　　　　✗

* ¿LE GUSTA SUBIRSE A LA MONTAÑA RUSA?

  ✔ ✔
  ✘ ✘

* ¿PREFIERE SER RICA O AFORTUNADA EN EL AMOR?

  ✔ ✔
  ✘ ✘

* ¿HABLA ALGÚN IDIOMA EXTRANJERO?

  ✔ ✔
  ✘ ✘

* ¿HA PUESTO LOS CUERNOS ALGUNA VEZ?

  ✔ ✔
  ✘ ✘

✺ ¿CUÁL ES SU NOMBRE COMPLETO?

✔   ✔
✘   ✘

✺ ¿CÓMO SE LLAMA SU MADRE?

✔   ✔
✘   ✘

✺ ¿CÓMO SE LLAMA SU PADRE?

✔   ✔
✘   ✘

✺ ¿DE QUÉ COLOR SON SUS OJOS?

✔   ✔
✘   ✘

✸ ¿CUÁL ES SU SEGUNDO APELLIDO?

✓　　　　　　　　✓
✗　　　　　　　　✗

✸ ¿CUÁL ES LA MARCA DE SU PERFUME O COLONIA?

✓　　　　　　　　✓
✗　　　　　　　　✗

✸ ¿ES FIEL EN SUS RELACIONES AMOROSAS O INFIEL?

✓　　　　　　　　✓
✗　　　　　　　　✗

✸ ¿CUÁL ES SU NÚMERO DE PIE?

✓　　　　　　　　✓
✗　　　　　　　　✗

* ¿LE HAN PUESTO LOS CUERNOS ALGUNA VEZ?

    ✓   ✓
    ✗   ✗

* ¿ERA BUENA ESTUDIANTE EN EL COLEGIO?

    ✓   ✓
    ✗   ✗

* ¿HA BESADO A ALGUIEN DE SU MISMO SEXO?

    ✓   ✓
    ✗   ✗

* ¿LE GUSTA IR A MUSEOS O LE ABURREN?

    ✓   ✓
    ✗   ✗

www.ingramcontent.com/pod-product-compliance
Lightning Source LLC
LaVergne TN
LVHW042131240925
821884LV00015B/990